LES INSULTES

À LA CON

ISBN : 978-2-412-04482-7
Dépôt légal : avril 2019
Imprimé en Italie

Maquette : NoOok et Capucine Deslouis

Éditions First, un département d'Édi8
12, avenue d'Italie
75 013 Paris – France
Tel. : 01 44 16 09 00
Fax : 01 44 16 09 01
E-mail : firstinfo@efirst.com

Site Internet : www.editionsfirst.fr

LAURENT GAULET

@#☠!

LES INSULTES À LA CON

FIRST
éditions

TÊTE

DE PRESSE-

AGRUMES !

REMÈDE
CONTRE LA
CONSTIPATION !

" ERREUR 404 !

BUG HUMAIN ! "

PLUS LOURD
QU'UNE ENCLUME,
AUSSI CON
QU'UN FER À
REPASSER !

¿?!¡

Ouvrier manchot !

AUSSI UTILE QU'UN BALAI SANS MANCHE !

¿?!¡

Supporter de foot !

EXPERT
BRANLEUR !

VIEILLE CHAUSSETTE ORPHELINE TROUÉE ET MALODORANTE !

TRONCHE DE MOULE À GAUFRES !

EFFET
SECONDAIRE
INDÉSIRABLE !

¿?!¡

Tétraplégique
de la pensée !

« BRISE-
BURNES ! »

CHASSE D'EAU QUI FUIT !

GRUMEAU
DE PÂTE À
CRÊPES !

Hibou
à tête de
pigeon !

¿?!¡

Chameau
plat !

TRONCHE DE CUL DE PHACOCHÈRE EN TRAIN DE DÉFÉQUER !

EAU PÉTILLANTE SANS BULLES !

TAPIS
DE BAIN
HUMIDE !

¿?!¡

Dépôt de
fond de
bouteille !

CON

COMME UN

PNEU LISSE !

LINGE
MAL
ESSORÉ !

ASCENSEUR EN PANNE !

BALAYEUR DU DÉSERT !

COLLECTIONNEUR DE SONNERIES DE PORTABLES À LA CON !

SYNTHÈSE
DE LA
CONNERIE !

PIZZA FROIDE AUX ANCHOIS !

GANGRÈNE
DE LA
PENSÉE !

VOMI

D'HUÎTRES PAS

FRAÎCHES !

Spermatozoïde mal décongelé !

¿?!¡

Poil de cul !

BARAQUE À FRITES GRASSES ET MOLLES !